Anke Rüsbüldt

Pferde richtig impfen und entwurmen

Was man unbedingt wissen muss

CADMOS

Inhalt

Auch der gemeinsame Weidegang birgt Infektionsrisiken. Foto: C. Koller

Gesundheitsvorsorge

Mit dem Halten von Pferden verbinden sich Rechte und Pflichten. Die Verantwortung des Pferdehalters dehnt sich über die Sorge für artgemäße Fütterung und Unterbringung, angemessene Beschäftigung und Nutzung auch auf die Gesundheitsvorsorge aus. „Mein Pferd ist gesund, der hat seit Jahren keinen Tierarzt gesehen" ist falsch und bedeutet, dass der, der diesen Satz sagt, seine Verantwortung dem Pferd gegenüber nicht wahrnimmt.

Zur Vorsorge gehört neben normaler Pflege und Hygiene das tägliche aufmerksame Beobachten, der jährliche Gesundheits-Check (inklusive Zähne) und regelmäßige Impfungen und Wurmkuren. Warum, wie oft und wogegen Pferde geimpft und entwurmt werden können, ist Thema des vorliegenden Ratgebers.

Der Infektionsdruck, dem Pferde heute durch die Haltungsbedingungen, die wir ihnen bieten, ausgesetzt sind, ist in den letzten Jahren erheblich gestiegen. Da wir die Haltungsbedingungen unserer Pferde selber zu verantworten haben, müssen wir ihnen helfen, mit den damit verbundenen Nachteilen für ihre Gesundheit fertig zu werden.

Regelmäßige Impfungen können vor schlimmen Krankheiten schützen Foto: S. Stuewer

Infektiöse Erkrankungen

Beim Pferd gibt es verschiedene Infektionskrankheiten, gegen die man impfen kann. Grundsätzlich ist es möglich Pferde gegen Tetanus, Influenza, Herpes, Tollwut und seit einiger Zeit gegen Hautpilz zu impfen.

Tetanus (Wundstarrkrampf)

Gegen Tetanus muss jeder sein Pferd impfen. Alles andere kann möglicherweise auch gut gehen, ist aber sehr riskant. Das Pferd ist von allen Tieren das mit Abstand am empfindlichste gegen Tetanus. Der Erreger des Wundstarrkrampfes ist ein Bakterium mit dem Namen Clostridium tetani. Es kommt überall vor, auf der Weide, in der Einstreu,

Hinweis

Der Impfschutz ist optimal, wenn alle Pferde eines Bestandes nach demselben Impfschema und gegen dieselben Krankheiten geschützt werden.

im Hallenboden oder auf der Stallgasse. Das Pferd kann sich infizieren, wenn der Erreger in eine Wunde eindringt. Das müssen nicht immer große, klaffende Wunden sein, es reichen auch ganz kleine Risse, Taschenbildungen, Kronrandverletzungen oder Nageltritte eignen sich ideal als Eintrittspforte für den Erreger. Häufig sind Eintrittspforten kleine Verletzungen, wie sie alltäglich auf der Weide vorkommen können und die häufig übersehen werden. Der Tetanuserreger gibt seine Toxine, die das eigentlich Gefährliche sind, unter anaeroben Bedingungen ab. Das heißt, wenn er keinen Sauerstoff bekommt, ist er gefährlich.

Infiziert sich ein Pferd, so stirbt es fast immer. Es gibt vereinzelt erfolgreiche Behandlungen, aber in der Regel verläuft die Infektion tödlich. Die erkrankten Pferde quälen sich erheblich. Wer, wie in einem Naturheilkundebuch geschrieben, behauptet, Pferde entwickelten eine natürliche Immunität gegen Tetanus, der spielt mit dem Leben seines Pferdes. Wer einmal ein Pferd an Tetanus hat sterben sehen, verzichtet nimmermehr auf diese Impfung.

Impfschema: Geimpft wird zur Grundimmunisierung ab dem fünften Lebensmonat zwei Mal im Abstand von vier bis acht Wochen, ein drittes Mal nach einem Jahr und dann alle vierundzwanzig Monate.

Sollte sich ein Pferd verletzen, bei dem niemand weiß, ob es gegen Tetanus geimpft ist, so kann es simultan mit Tetanusvaccine und Tetanusserum gespritzt werden, um sofort geschützt zu sein. Dies ist auch üblich, wenn möglicherweise ungeimpfte Pferde zum Beispiel zur Kastration in eine Klinik kommen. Wichtig ist, dass durch diese einmalige simultane Injektion kein dauerhafter Impfschutz erreicht wird. Die Pferde müssen anschließend grundimmunisiert werden.

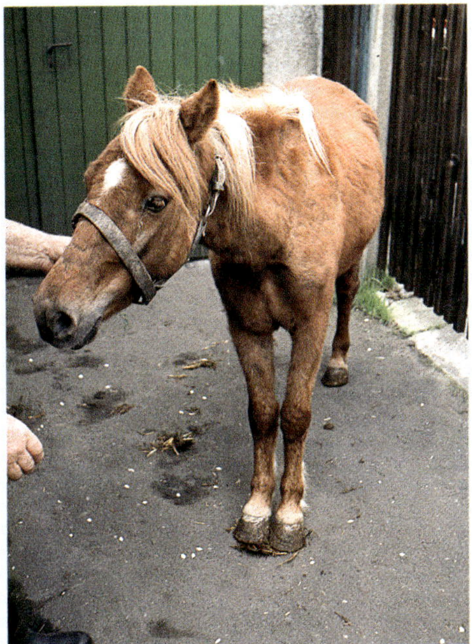

Dieses Pony hat eine Tetanus-Infektion. Die Impfung hätte es vor dieser tödlichen Erkrankung schützen können. Foto: H. Ende

Das Vorfallen des dritten Augenlids ist eines der Symptome für die Tetanuserkrankung. Foto: H. Ende

Diese Haltungsbedingungen sind ungeeignet, bereits der vorhandene Staub gefährdet die Atemwege der Pferde. Foto: H. Ende

Verschimmeltes Futter schadet den Atemwegen der Pferde und kann Koliken verursachen. Foto: H. Ende

Hinweis

Kein Pferd muss heute noch an Tetanus sterben.

Es gibt kombinierte Impfstoffe gegen Influenza und Tetanus, die bei Pferden, die gegen beide Krankheiten durch Impfung geschützt werden, sinnvoll eingesetzt werden. Man verwendet dann den kombinierten Impfstoff nach abgeschlossener Grundimmunisierung alle zwei Jahre und impft dazwischen einzeln gegen Influenza (siehe unten)

Zu häufige Impfungen gegen Tetanus können schädlich sein.

Influenza

Influenza wird auch als seuchenhafter Husten, Hoppegartener Husten, Pferdegrippe und Newmarket Cough bezeichnet.

Bei der Influenza handelt es sich um eine hoch ansteckende und akut verlaufende Viruserkrankung der Atemwege. Das Virus, ein kleines Lebewesen aus der Gattung der Orthomyxoviren, vermehrt sich in der Nasenschleimhaut infizierter Tiere und breitet sich auch über die Luft aus. Die Erkrankung geht mit hohem Fieber und Husten einher und breitet sich schnell, fast seuchenartig aus. Das Virus kommt in zwei Subtypen vor, wobei der eine (Typ 1) relativ konstant ist, der andere (Typ 2) sich immer wieder über verschiedene Mechanismen verändert (Antigendrift und Antigenshift). Plötzlich neue Varianten können einen auf alten Varianten beruhenden Impfschutz durchbrechen und zu neuen Epidemien führen. Deshalb müssen permanent die Impfstoffe verändert, verbessert und an die aktuel-

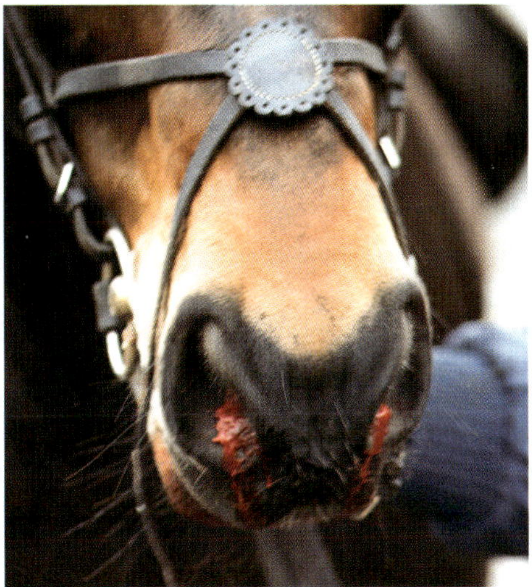

Nasenbluten ist häufig ein Anzeichen für verborgene Atemwegserkrankungen. Foto: H. Ende

le Situation angepasst werden. Alle auf dem Markt befindlichen Impfstoffe enthalten inaktivierte Viren oder nur Teile der Hülle der Viren. Lebendimpfstoffe gibt es nicht. Zu den Produkten gehören immer auch so genannte Adjuvantien, das sind Hilfsstoffe. Durch Beigabe bestimmter Hilfsstoffe entstehen so genannte immunstimulierende Komplexe (ISCOMs-Impfstoffe), die bewirken sollen, dass Abwehrmechanismen auf Schleimhautzellen und mittels Abwehrzellen zusätzlich durch die Impfung gefördert werden.

Impfstoffe, die mit hoher Wahrscheinlichkeit einen Impfschutz bewirken sollen, müssen verschiedene relevante Virustypen repräsentieren. Die Typen heißen 1 und 2 und haben jeweils Untertypen, die nach dem Ort ihres Auftretens benannt sind.

Entsprechend kompliziert liest sich der Beipackzettel. Dort steht beispielsweise: Enthält inaktivierte Influenza Virus Antigene der Stämme A/Equi 1/Prag/1/56, A Equi 2/Miami/63, A Equi 2/Newmarket/ 2/93. Dazu pro Stamm die Anzahl enthaltener HAE (hämagglutinierende Einheiten, stellen eine quantitaive Beschreibung dar) pro Impfdosis.

Alle diese Impfstoffe können nur funktionieren, wenn die Grundimmunisierung korrekt durchgeführt wird und die Impfintervalle eingehalten werden.

Bedenken Sie, dass diese Impfung zum einen Ihr Pferd vor der Erkrankung schützt, zum anderen der gesamten Pferdepopulation hilft, die seuchenartige Ausbreitung der Influenza zu unterbinden. Je mehr Pferde korrekt geimpft sind, desto schlechter ist das für die Krankheit. Aus epidemiologischer Sicht sollten also am besten alle Pferde geimpft werden.

Nun gibt es von ganzheitlich ansetzenden Medizinern aus dem Menschenbereich und von Heilpraktikern und Naturheilkundigen Einwände gegen das Impfen überhaupt. Diese haben auch eine Berechtigung. Wenn Sie auf die Impfung für Ihr einzelnes Pferd bewusst verzichten, sollten Sie

Frische Luft ist ideal, dieses Fenster birgt allerdings Verletzungsgefahren. Foto: H. Ende

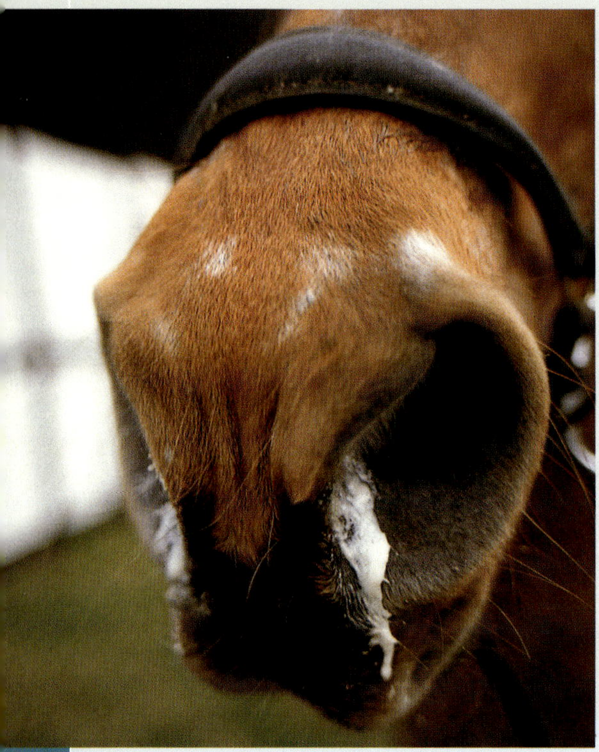

Auch weißer Nasenausfluss ist nicht harmlos.
Foto: H. Ende

Hinweis

Gönnen Sie Ihrem Pferd nach der Impfung drei Ruhetage .

neben dem Infektionsrisiko bedenken, was passieren würde, wenn das alle täten. Aus epidemiologischer Sicht Wahnsinn. Wenn heute Ihr ungeimpftes Pferd nicht erkrankt, liegt das möglicherweise daran, dass so viele andere geimpft sind und dadurch die Krankheit nicht bis zu Ihnen gelangt.

Indem Sie vor und während der Impfung das Immunsystem Ihres Pferdes stärken, können Sie ihm helfen, die Impfung gut umzusetzen. Dazu gehört auch, das Pferd nach der Impfung drei (mindestens drei, nicht Montagabend bis Mittwoch früher Nachmittag) Tage zu schonen und es nicht in Stresssituationen zu impfen. Zum Beispiel ist es unklug, ein Pferd direkt am Tag nach einem Turnier zu impfen. Auch für ein routiniertes Sportpferd entsteht beim Turnierstart Stress, der erst einige Tage nach der Veranstaltung verarbeitet ist. Dazu kommt, dass auf Veranstaltungen verschiedene Pferde und damit auch verschiedene Keime zusammentreffen und das Immunsystem Ihres Pferdes noch mit der Nachbereitung der Veranstaltung zu tun hat. Das Pferd soll zum Zeitpunkt der Impfung gesund sein und keinen übermäßigen Parasitenbefall haben. Achten Sie darauf, dass Ihr Pferd vor der Impfung kurz untersucht wird, und entwurmen Sie Ihr Pferd immer vor der Impfung, nicht umgekehrt.

Wenn Sie an Turnieren, Messen oder ähnlichen Veranstaltungen teilnehmen wollen, werden Sie vom Veranstalter (bei Reitturnieren von der FN) aufgefordert, einen Impfschutz nachzuweisen. Einzelne Verbände und einzelne Ställe schreiben hierfür auch die Impfintervalle vor. So darf zum Beispiel im Bereich der FN ein Pferd nur starten, wenn es nach korrekter Grundimmunisierung in Intervallen von sechs Monaten (plus/minus 28 Tage) regelmäßig nachgeimpft wurde.

Impfschema: Die Grundimmunisierung beginnt je nach dem Immunschutz der Mutter im dritten bis fünften Lebensmonat. Fohlen, die eine ausreichend geimpfte Mutter haben, bekommen genug maternale Antikörper mit, die bis in den fünften Lebensmonat ausreichen. Die Impfung ist erst sinnvoll, wenn nur noch wenige maternale Antikörper vorhanden sind. Nach der ersten Impfung soll die erste Wiederholungsimpfung nach vier bis sechs Wochen und die zweite Wiederholungsimpfung nach vier bis sechs Monaten durchgeführt werden.

Die Auffrischungsimpfungen sollen dann nach Herstellerangaben im Abstand von sechs bis zwölf Monaten durchgeführt werden. Alle Hersteller verweisen darauf, dass bei hohem Infektionsdruck (Turniere) das Intervall verkürzt werden kann. Die FN fordert von allen Teilnehmern das Einhalten von Impfintervallen von sechs Monaten (plus/ minus 28 Tage).

Es gibt Kombinationsimpfstoffe, die gegen Influenza und Tetanus oder gegen Influenza und Herpes gleichzeitig schützen.

Herpes

Zu Herpes gehören die Begriffe Virusabort oder seuchenhaftes Verfohlen und Rhinopneumonitis.

Herpesviren stellen neben Influenzaviren die häufigste Ursache von Viruserkrankungen beim Pferd dar. Der weit überwiegende Teil der Pferdepopulation in Deutschland ist mit dem Herpesvirus bereits in Kontakt gekommen. Neben der tatsächlichen akuten Erkrankung gibt es latente und persistierende Infektionen. Im Krankheitsverlauf flammt, angeregt durch die Erkrankung der anderen Pferde, durch Stress oder durch eine Schwächung des Immunsystems, die latente Infektion gerne wieder auf (Reaktivierungsbereitschaft).

Hinweis

Die modernen Impfstoffe werden von gesunden Pferden sehr gut vertragen. Niemand sollte aus Angst vor Nebenwirkungen auf das Impfen verzichten.

Es gibt verschiedene Typen von equinen Herpes-Viren. Im Hinblick auf Impfungen von Bedeutung sind EHV 1 und EHV 4.

EHV 1 verursacht das seuchenhafte Verfohlen, neurologische Erkrankungen und Atemwegserkrankungen. EHV 4 verursacht vorwiegend Erkrankungen der oberen Atemwege. Beide Viren sind sich ähnlich und zeigen auch eine Kreuzimmunität.

Es gibt Lebendimpfstoffe gegen EHV 1 und inaktivierte Impfstoffe gegen EHV 1 und EHV 4. Kombinationsimpfstoffe enthalten inaktiviert EHV 1 und EHV 4 und zum Teil Influenzstämme.

Bei Grundimmunisierungen und Auffrischungen müssen immer die Herstellerangaben beachtet werden. Unkorrekt durchgeführte Impfungen sind so gut wie gar keine Impfungen.

Der Impfschutz einzelner Pferde kann nur gewährleistet werden, wenn vorschriftsmäßig, regelmäßig und immer der gesamte Bestand geimpft wird.

Einige Veranstalter und Pächter von Veranstaltungsorten (vor allem, wenn dort gezüchtet wird) schreiben die Herpesimpfung zwingend vor.

Das Impfschema: Grundimmunisierung ab dem dritten Lebensmonat. Erste Wiederholung bei Kombinationsimpfstoffen nach vier bis acht Wochen, zweite Wiederholung nach vier bis sechs Monaten, danach alle sechs bis acht Monate. Bei EHV 1 Lebendvaccine folgt die erste Wiederholung nach drei Monaten, danach wird alle sechs bis neun Monate geimpft.

Stuten werden während der Trächtigkeit im dritten oder vierten und im siebten bis neunten (Herstellerangaben) Trächtigkeitsmonat geimpft.

Beachten Sie bitte immer die Herstellerangaben und die Vorschriften der Sie betreffenden Pferdeverbände. Ein Wechsel des Impfstoffs oder ein Überdehnen des Impfintervalls kann den gesamten Impfschutz gefährden.

Wie bei der Influenzaimpfung kann man sich für das eine, in fester Gruppe und weit ab von anderen Pferden gehaltene Pferd im Einzelfall gegen die Impfung entscheiden.

Geimpft werden sollten nur gesunde und nicht unter starkem Wurmbefall leidende Pferde. Zum Impfzeitpunkt sollte das Pferd nicht unter Stress stehen und nach der Impfung sind drei ganze Tage Ruhe zu gönnen. Ruhe heißt nicht in die Box bis überübermorgen, sondern nur der Verzicht auf die schweißtreibende Arbeit. Ein bummeliger Spaziergang ist erlaubt.

Hinweis

Alle Impfungen werden im Impfpass beziehungsweise im Equidenpass dokumentiert. Sorgen Sie dafür, dass der Impfpass in der Nähe des Pferdes und auffindbar deponiert ist.

Tollwut

In Gegenden, in denen die Wildtollwut vorkommt, sollten Sie Ihr Pferd gegen Tollwut impfen lassen. Fragen Sie Ihren Tierarzt, die zuständige Tierärztekammer oder den zuständigen Jagdpächter, ob in Ihrem Umkreis Wildtollwut vorkommt. Die Tollwuterkrankung beim Pferd ist selten, aber immer tödlich. Die Gefahr für den Menschen ist erheblich und Behandlungsversuche bei erkrankten Tieren sind verboten. Tollwut ist anzeigepflichtig.

Impfschema: Geimpft wird ab dem Alter von sechs Monaten einmal jährlich.

Hautpilz

Seit kurzer Zeit gibt es einen Impfstoff, der eingesetzt wird gegen Hautpilzerkrankungen bei allen Heimtieren. Dies ist der einzige Impfstoff, der auch bei bereits bestehender Erkrankung eingesetzt werden kann.

Was dieser Impfstoff darüber hinaus kann oder nicht kann, ist in Reiterkreisen intensiv im Gespräch. Ihm werden Wirkungen gegen das Sommerekzem, gegen Hornspalten, gegen Durchfall und gegen allergischen Husten nachgesagt. Was davon wahr ist, ist bisher nicht erforscht.

Impfschema: Geimpft wird zweimal im Abstand von vierzehn Tagen. Achtung: Bei der Wiederholungsimpfung kann es zu Unverträglichkeiten in Form von Fieber und Schwellungen kommen. Der Impfschutz hält etwa ein Jahr.

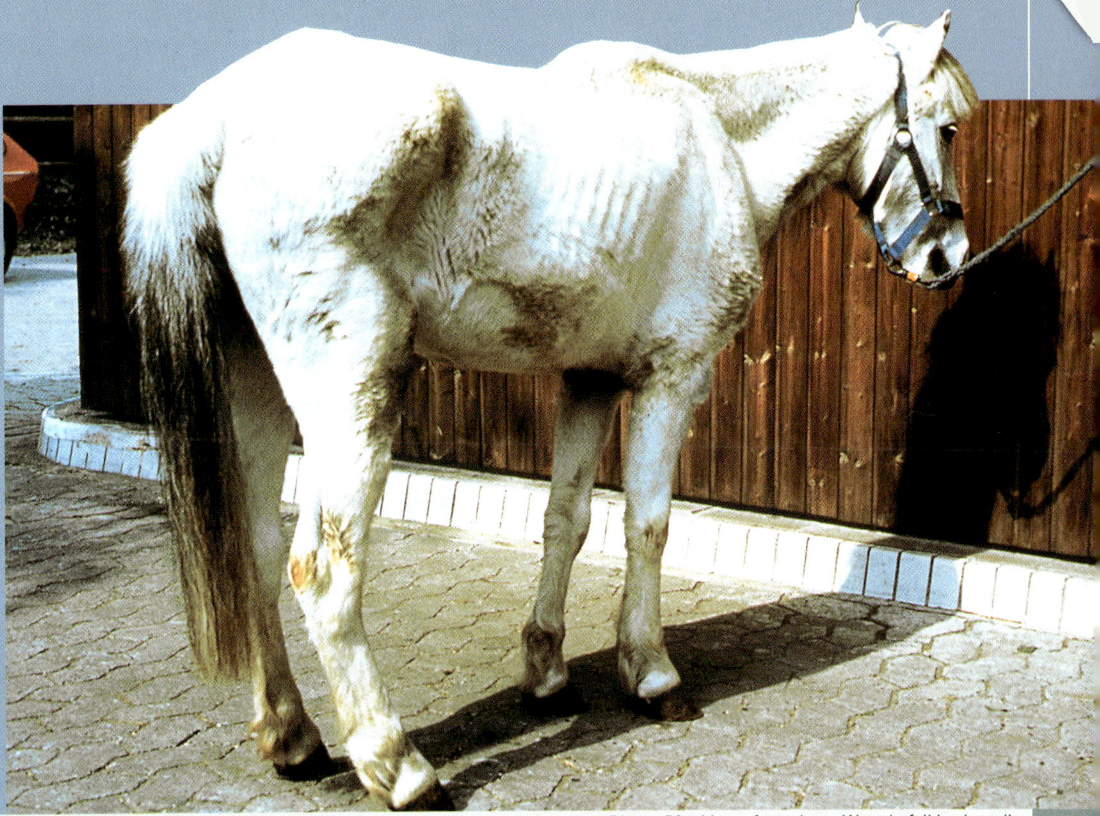

Dieses Pferd ist aufgrund von Wurmbefall hochgradig abgemagert und hat stumpfes Fell. So weit darf es niemals kommen! Foto: H. Ende

PARASITENBEFALL

Der Wurmbefall beim Pferd ist ein seit alters her bekanntes Problem und die regelmäßigen Wurmkuren gehören heute für viele Pferdehalter zur Selbstverständlichkeit. Trotzdem ist das Wurmproblem bis heute bei weitem nicht im Griff. Die Haltung in Gruppen auf zu oft und zu intensiv genutzten Weiden begünstigt die Würmer ebenso wie die zum Teil vorhandenen Resistenzen gegen bestimmte Medikamente. Fehler in der Weidehygiene oder im Entwurmungsplan tun ein Übriges. Immer noch gibt es tödlich verlaufende Erkrankungen, deren Ursache Würmer sind. Bei weit über der Hälfte aller Koliker wird ein hoher Parasitenbefall festgestellt, der ursächlich am Entstehen der Kolik beteiligt sein kann. In Kotproben von regelmäßig entwurmten Pferden wird immer wieder erheblicher Parasitenbefall registriert. Dagegen hilft nur

Hinweis

Wurmbefall kann man in der Regel nicht sehen. Sieht man Würmer im Kot, Abmagerung oder Durchfall beim Pferd, ist es oft zu spät. Lassen Sie es bitte niemals so weit kommen.

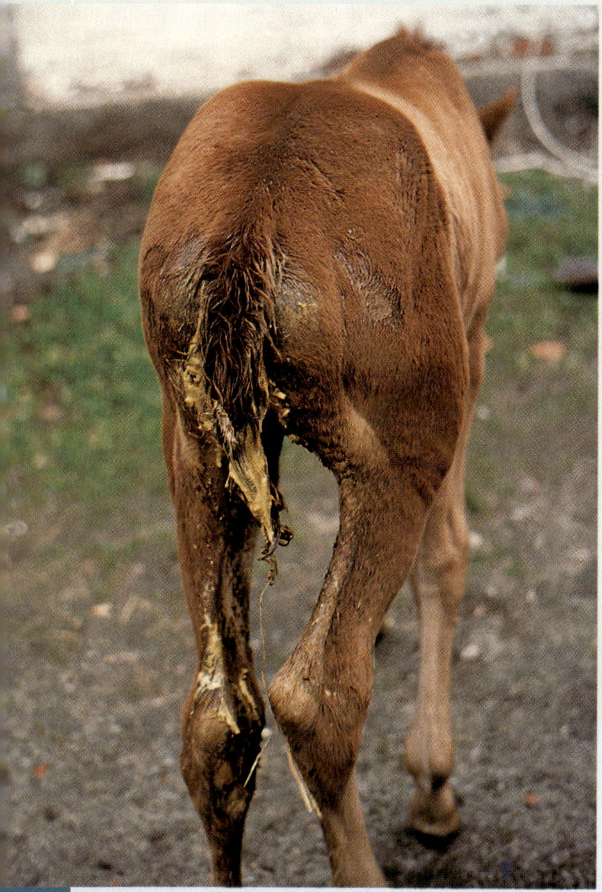

Jede Form von Durchfall kann durch Parasitenbefall verursacht werden. So eine Erkrankung kann tödlich enden. Foto: H. Ende

Dieses Pferd ist todkrank durch hochgradigen Parasitenbefall. Foto: H. Ende

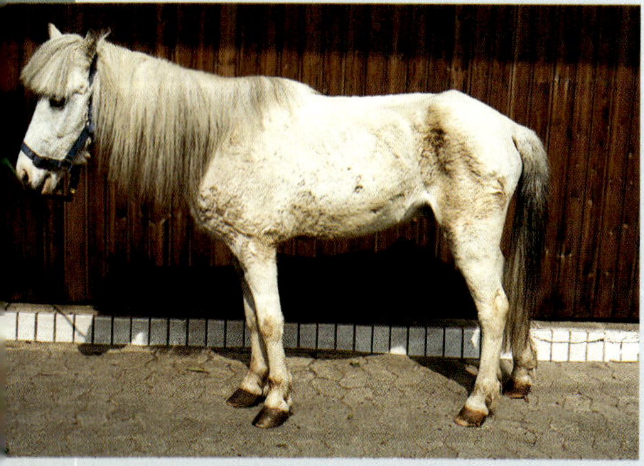

Hinweis

Beobachtete Reaktionen, die als Medikamentenunverträglichkeiten beschrieben werden, sind häufig auf das massenweise Absterben von Würmern im Darm zurückzuführen. Bei der Einhaltung eines sinnvollen Entwurmungsplans kommen sie praktisch nicht vor.

Kenntnis über die Würmer und ihre Entwicklungszyklen und ein darauf abgestimmter, strategisch koordinierter Entwurmungsplan. So ein Entwurmungsplan sollte alle Pferde umfassen, die Weiden oder Paddocks gemeinsam benutzen.

Die Medikamente, die uns heute zur Bekämpfung der Würmer zur Verfügung stehen, sind getestet und sehr gut verträglich. Die Märchen, die behaupten, zu häufige Wurmkuren seien schädlich, sind gefährlich, denn zu viele Würmer schaden sicher.

Der Versuch, Wurmkuren durch Einsatz biologischer oder homöopathischer Anwendungen zu ersetzen, ist bisher leider nicht gelungen.

Von der Idee, tatsächlich Parasitenfreiheit erzielen zu können, müssen Sie sich trennen. Wir erreichen mit allem, was wir tun können, nur eine erhebliche Einschränkung des Parasitenbefalls. Ein geringer Befall mit verschiedenen Parasiten bleibt auch bei bester Hygiene erhalten oder stellt sich schnell wieder ein. Unsere Aufgabe ist es, die Parasiten so in Schranken zu halten, dass sie unserem Pferd keine gesundheitlichen Schäden zufügen können. Dass in den Pferdeäpfeln keine Würmer zu sehen sind, bedeutet keine Entwarnung. Viele Würmer sind zu klein, als dass man sie mit bloßem Auge sehen könnte. Die ausgeschiedenen Eier sind immer zu klein und nur in der mikroskopischen Untersuchung zu sehen.

Die Parasiten im Einzelnen

Es gibt viele verschiedene Würmer, die unser Pferd befallen, in ihm leben und ihm schaden können. Grob kann man sie unterteilen in Rundwürmer (Nematoden), Bandwürmer (Cestoden) und Insekten (Dasseln).

Die größte Gruppe ist die der Rundwürmer oder Nematoden. Zu ihnen gehören die kleinen und großen Palisadenwürmer, Spulwürmer, Pfriemenschwänze, Zwergfadenwürmer, Lungenwürmer, Magenfadenwürmer und zwei Arten, die Insekten als Zwischenwirte nutzen, die Rollschwänze und die Mikrofilarien. Zu den Bandwurmverwandten mit Haken zählt man den großen Leberegel, bei den Insekten ist vor allem die Magendassel zu nennen.

Hinweis

Überprüfen Sie Ihr Vorgehen durch regelmäßige Kotuntersuchungen.

Kleine Palisadenwürmer (kleine Strongyliden)

Es gibt mehr als vierzig Arten solcher Würmer. Diese Würmer können fast 90 Prozent des Wurmbefalls ausmachen. Sie sind 0,5 bis 2,5 Zentimeter lang. Die erwachsenen Würmer sind also mit bloßem Auge sichtbar. Die Würmer leben vor allem im Dickdarm und haben einen relativ einfachen Entwicklungszyklus. Die erwachsenen weiblichen Würmer legen Eier, die mit dem Kot auf die Weide fallen. Dort entwickeln sich innerhalb von fünf bis fünfzehn Tagen ansteckungsfähige Larven, die von den Pferden mit dem Gras wieder aufgenommen werden. Diese Larven bohren sich in die Wand des Dickdarms, entwickeln sich dort etwa sechs Wochen weiter und kommen dann als erwachsene Würmer in den Darm zurück.

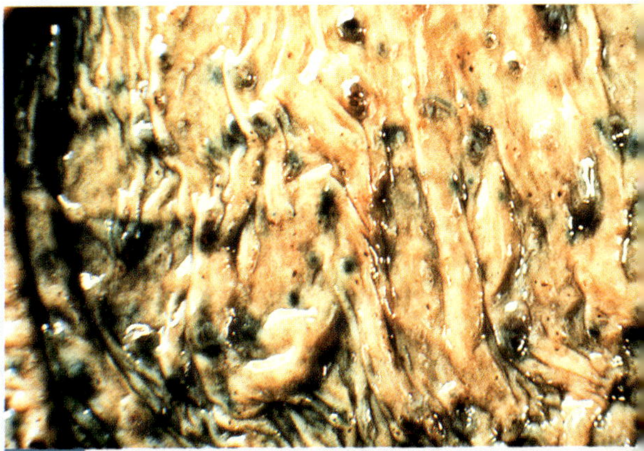

So sehen Schäden aus, die Würmer an der Darmwand angerichtet haben. Foto: Pfitzer GmbH

Die Wurmeier findet man nicht im Kot, wenn man wie hier ganze (Palisaden-) Würmer sieht, ist Behandlung dringend notwendig. Foto: H. Ende

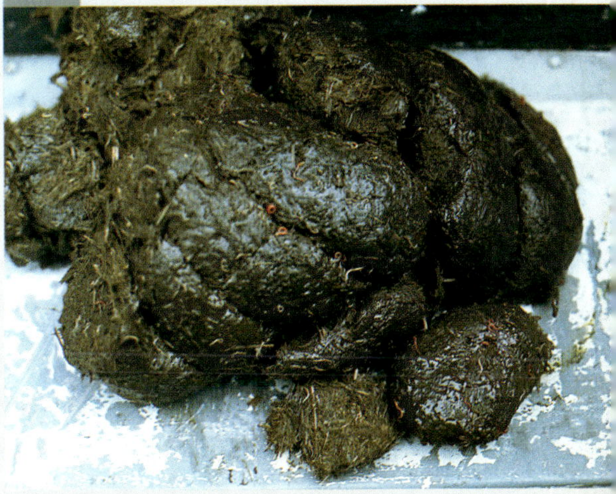

Hier haben sich Palisadenwürmer eingenistet, eine Behandlung ist dringend notwendig. Foto: Pfitzer GmbH

Es ist also wichtig zu wissen, dass Befall mit kleinen Strongyliden eine typische Weideparasitose ist (das nur in der Box gehaltene Pferd erkrankt an diesen Würmern in der Regel nicht). Das zeitweise versuchte Spitzenmähen auf den Koppeln war eine gute Idee, nützt aber nichts, da die Larven dabei auf der Koppel verbleiben, erneut am Gras hochklettern und dann etwas später doch wieder mitgefressen werden. Die Entwicklungszeit in der Dickdarmwand ist eine Zeit, in der die Larven mit vielen gebräuchlichen Präparaten nicht erfasst werden können. Diese Larven können in ihrer Entwicklung gehemmt sein und bis zu zweieinhalb Jahre in der Darmwand liegen bleiben. Normalerweise liegen dort einige hundert Larven über den Winter, und das massenweise Auswandern dieser Larven im Frühjahr führt zu erheblichen Durchfällen. Gelingt es uns, mit einer Wurmkur alle erwachsenen Würmer im Darm zu vernichten, so können wir sicher sein, dass sehr bald neue Erwachsene aus der Darmwand einwandern werden. Man muss also entweder ein Präparat verwenden, das die Larvenstadien in der Darmwand mit erwischt, oder ganz regelmäßig und in kurzen Abständen die Behandlung wiederholen. Gelingt es, auch alle Larven zu erfassen, so ist die Eiausscheidung in den folgenden acht bis 16 Wochen sehr gering, da ja erst erwachsene Würmer nachwachsen müssen (die wir dann natürlich rechtzeitig wieder eindämmen können).

Einige dieser Würmer haben gemeinerweise eine Resistenz gegen Wurmmittel auf Benzimidazolbasis entwickelt. Diese Medikamente wirken dann nicht.

Starker Befall mit kleinen Strongyliden führt zu Abmagerung, Koliken und Durchfall zum Teil mit Todesfolge.

Große Palisadenwürmer (große Strongyliden)

Auch hier gibt es viele Arten. Der wichtigste Vertreter der großen Strongyliden ist der Strongylus vulgaris, der auch Blutwurm genannt wird. Zum Glück ist der Befall nicht mehr so verbreitet wie früher.

Der Blutwurm ist zwei bis fünf Zentimeter lang. Der Entwicklungszyklus beginnt wieder mit dem Ausscheiden der Eier, die von erwachsenen Weibchen im Darm gelegt werden. Innerhalb von ein bis zwei Wochen entwickeln die Eier sich zu ansteckungsfähigen Larven, die mit dem Gras aufgenommen werden. Im Dickdarm durchbohren die Larven die Darmwand und wandern in kleine arterielle Blutgefäße ein. In den Blutgefäßen wandern sie dem Blutstrom entgegen, bis sie in größeren Gefäßen angekommen sind. Nach etwa elf Tagen hören sie auf zu wandern und setzen sich für einen Zeitraum von bis zu vier Monaten an der Gefäßwand fest. Danach lassen sie sich mit dem Blutstrom zum Darm zurücktragen und bohren sich in die Darmwand ein. Hier ruhen sie dann noch einmal für mehrere Wochen. Danach wandern sie in den Darm, wo sie, wenn wir sie nicht stören, über mehrere Monate leben und Eier ausscheiden. Es gibt noch Verwandte, auch Arten von großen Strongyliden, die auf ihrer Wanderung in der Leber beziehungsweise in der Bauchspeicheldrüse reifen, bevor sie in den Darm zurückkehren.

Großen Schaden kann dieser Wurm bei seiner Wanderung verursachen. Durch Schäden, die er an der Gefäßwand der großen Arterien setzt, kommt es zur Bildung von Thromben. In Folge dieser Thrombenbildung kommt es zu Durchblutungsstörungen und damit zu (Winter-) Koliken und zum Krankheitsbild des intermittierenden Hinkens. Dagegen kann man dann praktisch nicht mehr so viel tun. Besser wäre gewesen, man hätte die Wanderung und die Thrombenbildung vermieden.

Natürlich verursacht der Wurm auch Schäden durch den Befall im Darm. Von hier aus verursacht er Abmagerung, Durchfall, struppiges Haarkleid, Fressunlust und Blutarmut, beim Fohlen sogar Fieber, Abgeschlagenheit und schlimmstenfalls den Tod.

Spulwürmer (Askariden)

Wichtigster Vertreter dieser Gruppe ist Parascaris equorum. Dieser Wurm ist erwachsen etwa 20 bis 50 Zentimeter lang!

Der Entwicklungszyklus dieses Wurmes ist intereressant. Die erwachsenen Parasiten im Darm scheiden Eier aus, die sehr, sehr widerstandsfähig sind. Sie können in der Außenwelt unter günstigen Bedingungen über Jahre überleben. In unseren Breiten können sie auch überwintern. Empfindlich sind sie nur gegen Hitze oder gegen einige Desinfektionsmittel, wenn diese lange genug einwirken. Dazu kommt, dass ein erwachsener Wurm in der Lage ist, mehrere hunderttausend dieser haltbaren Eier am Tag zu produzieren. Nimmt ein Pferd (Fohlen!) nun solche Eier auf, schlüpfen im Dünndarm dann Larven, die sich unmittelbar auf Wanderschaft begeben. Zuerst wandern sie in die Leber und ruhen dort eine Woche aus. Von der Leber reisen sie mit dem Blut zur Lunge und bleiben dort nochmals ein bis zwei Wochen. Dann kriechen sie aus der Lunge über die Bronchien und die Luftröhre in den Rachen. Über die Speiseröhre gelangen sie zurück in den Darm und wachsen zu geschlechtsreifen Würmern heran. Vom aufgenommenen Ei zum erwachsenen eierlegenden Wurm sind nur zehn bis 16 Wochen vergangen, doch die Schäden, die unterwegs angerichtet worden sind, sind beträchtlich: Die Würmer haben Schäden in der Darmwand verursacht, die Leber geschädigt und Teile der Lunge zerstört! Während der gesamten Wanderung sind die Larven für Wurmkuren nicht erreichbar. Auch kann eine untersuchte Kotprobe keinen Hinweis auf Spulwurmeier zeigen,

Spulwürmer können großen Schaden anrichten. Foto: H. Ende

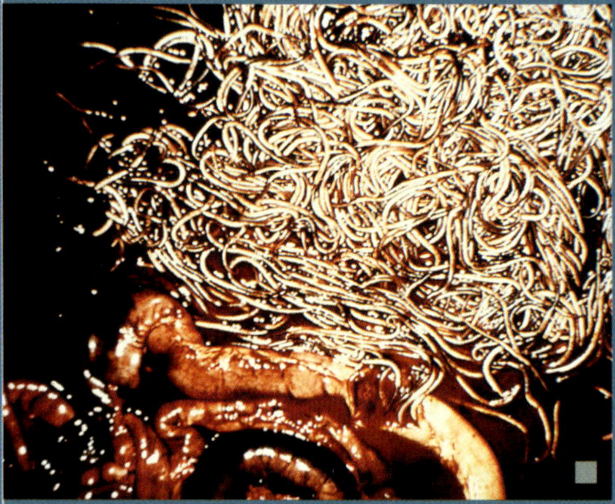

Ein Spulwurm kommt selten allein.
Foto: Pfitzer GmbH

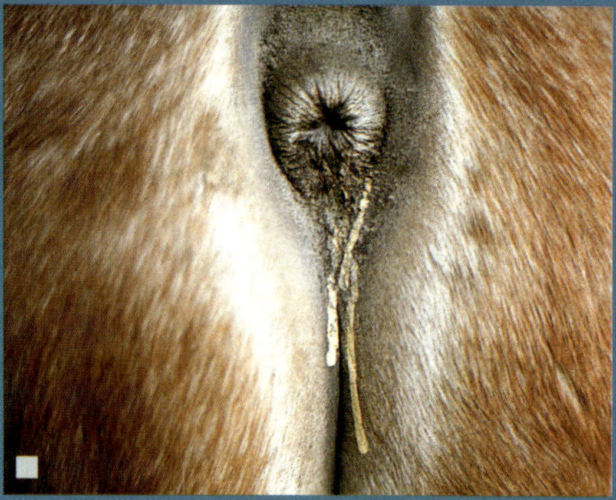

Der Pfriemenschwanz legt seine Eier in schnurförmigen Päckchen neben die Afteröffnung. Foto: H. Ende

Ein ausgewachsener Spulwurm kann etwa 20 bis 50 Zentimeter lang werden!
Foto: Pfitzer GmbH

während das Pferd wegen der Wanderlarven Atemnot und Husten zeigt. Durch diese Unerreichbarkeit der Larven und die hohe Lebenserwartung der vielen Eier in der Umgebung baut sich ein Spulwurmbefall bei nachlassender Entwurmung immer schnell wieder auf. Spulwurmeier können überall in der Pferdumgebung sein. Sie kleben an Stallwänden, in der Einstreu und sogar am Euter der Stuten. Betroffen sind vor allem Fohlen und Jungpferde. Das hat auch mit dem Immunsystem zu tun.

Befallene Pferde können außer der Atemwegssymptomatik auch folgende Symptome entwickeln: verminderter Appetit, Lustlosigkeit, Durchfall, Zurückbleiben in der Entwicklung, glanzloses Haarkleid, Koliken, Dünndarmverschluss oder tödlicher Darmriss. In einigen Fällen von stärkerem Befall riechen die Fohlen aus dem Maul nach Chloroform.

Pfriemenschwänze (Oxyuris equi)

Die erwachsenen Würmer sind bis zu zehn Zentimeter lang. Ihr Entwicklungszyklus dauert etwa vier Monate. Interessant ist, dass wir von diesem Wurm auch die Eier sehen können. Zur Eiablage verlässt das Weibchen den Darm und legt seine Eier als schnurförmige Pakete rechts und links der Afteröffnung ab. So ein Eierpäckchen hat bis zu

50000 Eier, die da miteinander auf der Haut kleben und von uns mit bloßem Auge wahrgenommen werden können. Kleben Sie ein Stück durchsichtiges Tesa drauf, ziehen Sie es ab und geben es Ihrem Tierarzt zur mikroskopischen Untersuchung.

Benutzen Sie für die Reinigung der Afterregion immer einen extra Schwamm oder noch besser Einmalhandtücher.

Zwergfadenwürmer (Strongyloides westeri)

Dieser Wurm ist für ältere Pferde ungefährlich, kann aber Fohlen töten. Er ist nur einen Zentimeter kurz und benötigt für seine gesamte Entwicklung nur acht bis vierzehn Tage. Gefährlich für neugeborene (erste bis etwa siebte Lebenswoche) Fohlen ist er vor allem, weil er mit der Muttermilch auf das Fohlen übertragen wird, das sich mit dem noch nicht geschulten Immunsystem gegen einen massiven Befall nicht wehren kann. Häufig entstehen bei den Fohlen erhebliche Durchfälle, die schnell tödlich sein können. Der zur Beginn der zweiten Lebenswoche milde und nur zwei Tage anhaltende Durchfall der Fohlen, bei dem keine Störungen im Allgemeinbefinden auftreten, wird meist nicht durch den Zwergfadenwurmbefall verursacht, sondern kann auf die Rosse der Stute zurückzuführen sein. Der Zwergfadenwurm kann sich auch durch die Haut in das Pferd bohren. Normalerweise bauen Fohlen innerhalb der ersten Lebensmonate eine belastbare Immunität gegen den Zwergfadenwurmbefall auf.

Beim Fohlen führt der Zwergfadenwurmbefall zu Dünndarmentzündungen mit Durchfall und zu Schädigungen der Lunge.

Lungenwürmer (Dictyocaulus arnfieldi)

Ja, Sie haben es schon gedacht: Esel. Das ist nur im Prinzip richtig, denn der Esel ist tatsächlich das bevorzugte Wirtstier des Lungenwurmes. In Eseln oder in Fohlen vollendet der Lungenwurm auch seinen zwei- bis viermonatigen Entwicklungszyklus. Der erwachsene Wurm wird bis zu acht Zentimeter lang und kann in Pferdelungen leben, wobei er sich hier nicht fortpflanzt. Es ist völlig unschädlich, Pferde mit Eseln zusammen zu halten, wenn man beide regelmäßig entwurmt. Neu hinzukommende Esel bekommen zweimal im Abstand von sechs Wochen Ivermectin und folgen dann dem normalen Entwurmungsplan. Täuschen Sie sich nicht bei der Gewichtsschätzung, Esel sind relativ leicht. Die hier üblichen kleinen Esel wiegen zwischen 150 und 200 Kilo (wenn Sie einen Poitou haben, ist der natürlich schwerer).

Magenfadenwürmer (Trichostrongylus axei)

Dieser Wurm ist sehr kurz (0,5 Zentimeter) und sehr schnell in seiner Entwicklung (drei Wochen). Er kann Durchfall und Gewichtsverlust verursachen. Seine Wirte sind vor allem Schafe und Rinder, sodass gegen diesen Wurm der Weidewechsel mit Wiederkäuern nichts nützt.

Rollschwänze (Habronema muscae, zum Teil Habronema microstoma)

Der erwachsene Wurm ist einen bis 3,5 Zentimeter lang. Aus seinen Eiern schlüpfen Larven, die im Pferdemist von Fliegenmaden gefressen werden. Während aus der Fliegenmade eine Fliege wird, reift auch der Wurm. Erwachsenen, Fliegen können dann die Larven außen auf dem Pferd ablegen, wo sie vom Pferd abgeleckt werden und so wieder in den Darm gelangen.

Dies ist ein Bandwurm, den man zum Glück selten findet. Foto: Pfitzer GmbH

Dies ist eine Ansammlung von Magendassellarven auf der Magenschleimhaut. Foto: Pfitzer GmbH

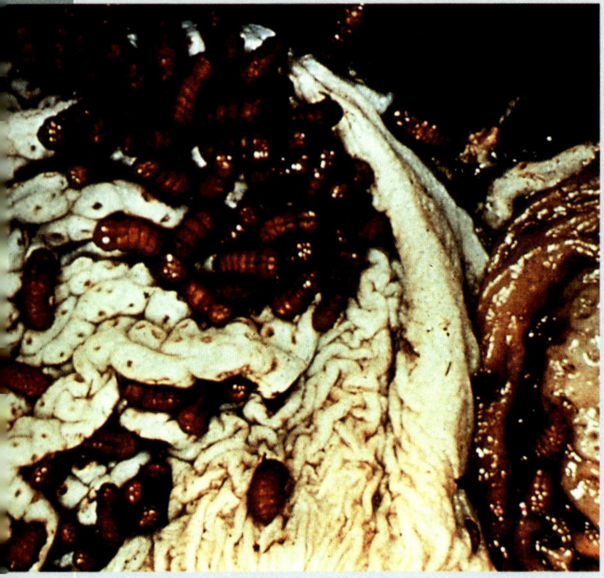

Mikrofilarien (Onchocerca cervicalis)

Der erwachsene Wurm ist fünf bis 30 Zentimeter lang. Im Pferd lebt unter der Haut und anderswo eine embryonale Larve dieses Wurms, eine Mikrofilarie. Die ist sehr klein (0,25 Millimeter) und wird von der Stechmücke Culicoides nubeculosus auf das Pferd übertragen. Da diese Mücke bevorzugt an den Seiten und beiderseits der Rückenpartie sticht, entsteht hier auch der Juckreiz durch die in der Haut weiterlebenden Mikrofilarien. Mikrofilarien können im Pferd in Sehnenscheiden, Sehnen, das Nackenband und sogar ins Kammerwasser der Augen wandern.

Bandwürmer (Anaplocephala perfoliata)

Der Bandwurm ist sehr lang, er erreicht 80 Zentimeter Länge. Er benötigt für seinen drei bis fünf Monate dauernden Entwicklungszyklus die Moosmilbe als Zwischenwirt. Die in der Moosmilbe befindliche Larve kann (mit der Moosmilbe) in Einstreu oder Weide überleben. Sie wird mitgefressen.

Bandwürmer werden bei Routineentwurmungen nicht erfasst. Sie sind schwierig nachzuweisen. Es gibt Kotproben, aus denen kein Befund erhoben werden kann, auch bei an Bandwürmern leidenden Pferden.

Große Leberegel (Fasciola hepatica)

Zum Glück findet man den großen Leberegel nicht so häufig. Hauptwirt ist das Rind. Leberegelbefall kommt vor allem in mildem und feuchtem Klima vor, zum Beispiel in Irland. Das liegt daran, dass ein Teil des drei- bis viermonatigen Entwicklungszyklus in einer Zwergschlammschnecke stattfindet. Wo es diese Schnecke nicht gibt, kann der Leberegel nicht leben. Ein Befall mit Leberegeln verursacht Blutarmut und Gewichtsverlust. Der Leberegel wird von Routine-Entwurmungen nicht erfasst.

Magendasseln (Gastrophilus)

Achtung, dies ist kein Wurm, sondern ein Insekt. Schädlich ist die madenähnliche Larve der Dasselfliege. Nach neueren Untersuchungen scheint die Befallshäufigkeit mit Magendasseln zuzunehmen. Es ist etwa jedes zweite Pferd betroffen und die Pferde können das ganze Jahr über Dasseln beherbergen. Der Befall ist in den Monaten Dezember bis März am größten, sodass wirksame Behandlungen Ende November bis Mitte Dezember durchgeführt werden und eventuell wiederholt werden müssen. Magendasselbefall führt zu Blutarmut, Koliken und Leistungsabfall. Die Dasselfliege legt vor allem in der Zeit von Juli bis September ihre deutlich sichtbaren gelben Eier an den Beinen der Pferde ab. Da das juckt, beißen und lecken die Pferde die betroffenen Stellen und nehmen so die Fliegeneier auf. Im Magen entwickeln sich daraus die Larven. Sie können den Parasitendruck zusätzlich verringern, indem Sie regelmäßig im Spätsommer die kleinen gelben Dasselfliegeneier von den Pferdebeinen entfernen. Das geht recht gut mit einem Trimmmesser für Hunde.

Wie ganz kleine Wesen ganz großen Wesen so sehr schaden können

Zunächst einmal dadurch, dass die Würmer in der Mehrheit sind. Es sind eben sehr viele. Sie fügen sowohl im Darm als auch bei der Wanderung von

Dies sieht aus Insektensicht nach einem idealen Eiablageplatz aus. Foto: H. Ende

Solche Spuren hinterlässt eine Dasselfliege. Ihre Eier kleben im Fell unserer Pferde und müssen entfernt werden. Foto: H. Ende

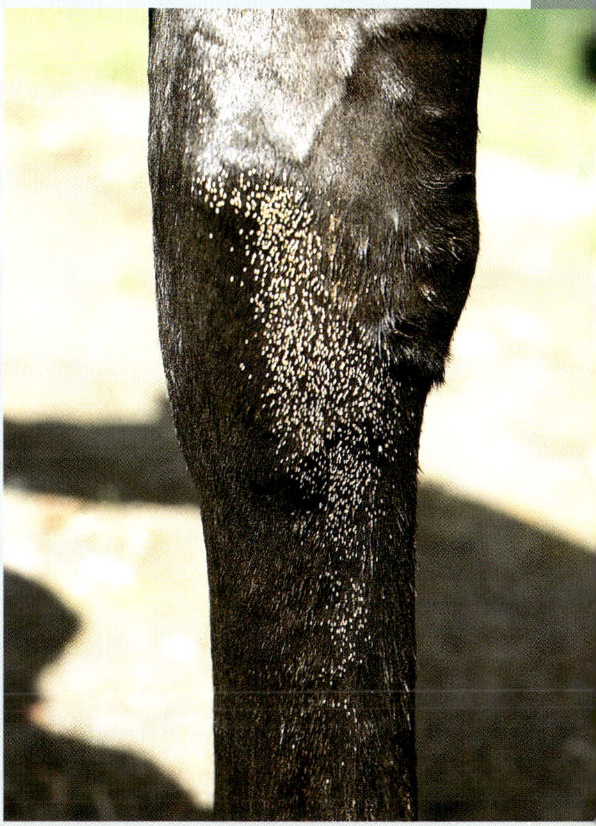

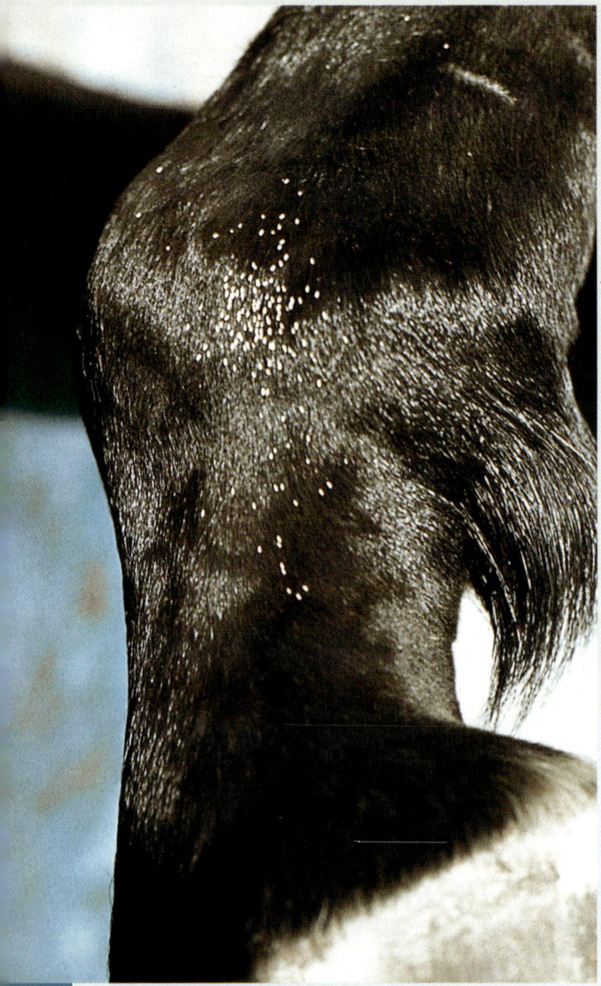

Suchen Sie Ihr Pferd genau ab, auch ganz unten.
Foto: H. Ende

Larven durch den Pferdeorganismus tausenderlei kleine Schäden zu, die in der Masse zu folgenden Symptomen führen:

- Leistungsabfall
- Konditionsverlust
- Appetitmangel
- stumpfes Haarkleid
- Schweifscheuern
- Blutarmut
- angeschwollenen Beine
  (auch angeschwollenen Schlauchregion)
- Durchblutungsstörungen
- Leberschäden
- Atemschwierigkeiten
- Durchfälle
- Koliken

Einige dieser Symptome können zu tödlichen Erkrankungen werden. Vor allem Durchfall und Koliken können zum Tod führen.

Es ist möglich und wahrscheinlich, dass einige Pferde stärker erkranken als andere. Zum einen ist die Leistungsfähigkeit des Immunsystems wichtig, und die schwankt. Wie bei uns auch ist ein Immunsystem unter Stress oder bei bestehender Grippe weniger in der Lage einem neuen Angriff standzuhalten. Ebenso ist bei besonders alten oder ganz jungen Pferden das Immunsystem nicht so leistungsfähig wie beim gesunden und gut trainierten Pferd im besten Alter.

Dazu kommt eine vermutlich ererbte höhere Empfindlichkeit einiger Pferde gegenüber Parasitenbefall. Schwächere Pferde einer Gruppe müssen dort fressen, wo die ranghohen, die wählen können, nicht fressen wollen. So sind schwächere Pferde gezwungen, auch Geilstellen abzufressen, an denen mehr Parasiten leben. Auch wenn nur einzelne Mitglieder einer Gruppe erkranken oder auch nur Leistungsabfall zeigen, kann das ein Wurmproblem sein. Fragen Sie im Zweifelsfall immer Ihren Tierarzt. Überprüfen Sie Hygiene, Weidemanagement und Entwurmungsstrategie. Lassen Sie Kotproben und Blut von dem erkrankten Pferd untersuchen.

Normalerweise will ein Parasit seinen Wirt nicht töten. Er lebt ja von ihm. So ein Parasit will leben, und das kann er nur, wenn er zwar regelmäßig etwas abzwackt, aber seinem Wirt dabei keinen tödlichen Schaden zufügt. Parasiten wollen aber, auch das ist ein natürliches Prinzip, nicht nur als Individuum, sondern auch als Art überleben und müssen sich deshalb stark vermehren und gegen Feinde (Wurmkuren) Strategien entwickeln, zum Beispiel Resistenzen, Verstecken bei der Larvenwanderung und Widerstandsfähigkeit der Eier.

Die Kenntnis der Entwicklungszyklen ist wichtig, denn nur so kann uns eine wirksame Bekämpfung gelingen. Bei Rundwürmern mit einem direkten Entwicklungszyklus (ohne Zwischenwirte) haben wir immer Würmer in verschiedenen Entwicklungsstadien im Pferd (Eier, Larvenstadien und erwachsenen Würmer). Deren Weiterentwicklung muss an möglichst vielen Stellen unterbrochen werden. Beim indirekten Entwicklungszyklus haben wir zusätzlich die Möglichkeit, durch Bekämpfung oder Fernhalten des Zwischenwirtes Parasitenbekämpfung zu betreiben.

Pferde beherbergen immer simultane und sich überschneidende Entwicklungszyklen. Das bedeutet, dass es mehrere Arten Würmer gibt, die alle in unserem Pferd leben. Von den meisten dieser Würmer leben im Pferd zur gleichen Zeit verschiedene Entwicklungsstadien.

Wichtig ist das für strategische Bekämpfung, da einige Entwicklungsstadien für die Medikamente nicht erreichbar sind. Dazu sind nicht alle Würmer mit demselben Wirkstoff sicher bekämpfbar (Resistenzen). In Kotproben finden sich meist unterschiedliche Eier, da Pferde kontinuierlich von den verschiedenen Würmern die Eier mit dem Kot ausscheiden.

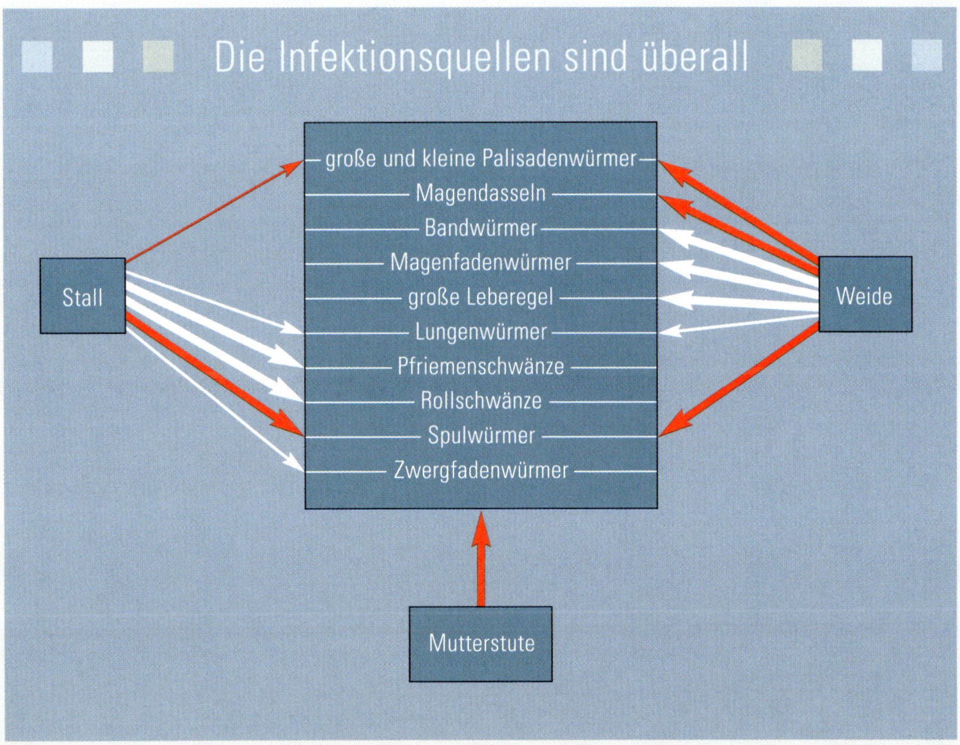

Abb. Janssen-Cilag

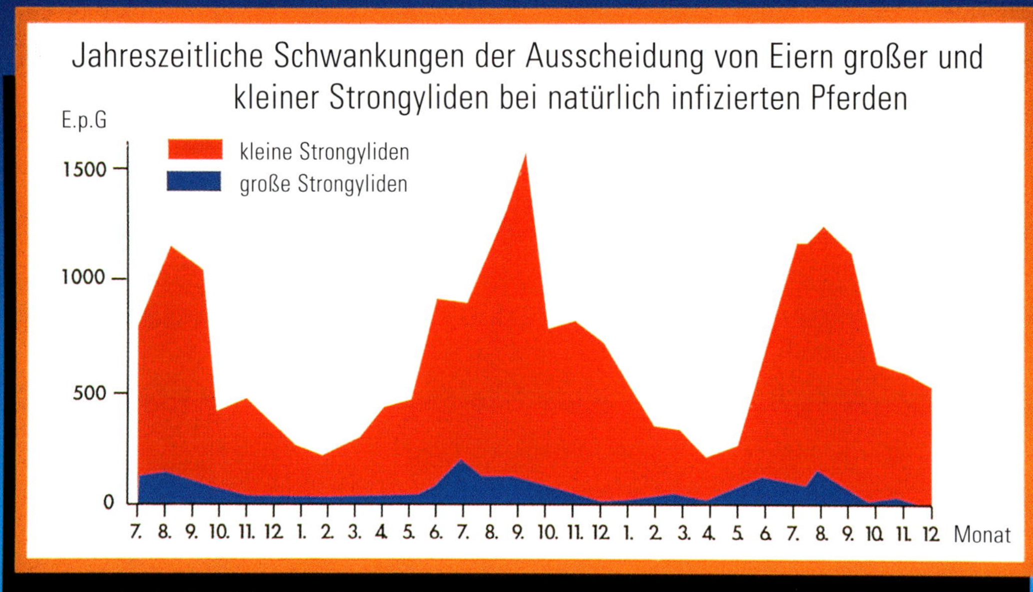

(nach Poynter)

Foto: Pfitzer GmbH

Das parasitenfreie Pferd wird es dauerhaft nicht geben. Wir können unseren Pferden helfen, indem wir den Parasitenbefall so weit wie möglich eindämmen. Dies geschieht durch Hygienemaßnahmen, prophylaktische Wurmkuren und therapeutische Wurmkuren.

Hinweis

Weidehygiene darf keine Lücken haben!

Hygienemaßnahmen

Obenan steht die Pflege von Stall und Weide.

Stallmanagement

Ideal ist das tägliche Entmisten und die regelmäßige Reinigung der Box mit dem Dampfstrahler. Die Boxenwände sind am besten weiß und trocken, sodass die Larven nicht gerne an ihnen hochklettern. Gegen die Würmer hilft es, wenn nicht vom Boden gefüttert wird, damit das Futter keinesfalls mit Eiern oder Larven kontaminiert sein kann. Die natürliche Fresshaltung der Pferde ist aber anders. Zwar tun wir mit der Fütterung aus Raufen etwas gegen die Parasitenbelastung, aber wir nehmen dafür Haltungsschäden, zum Teil Rükkenschmerzen und bei Fütterung von Heu aus Raufen auch eine Atemwegsbelastung in Kauf.

Weidemanagement

Das Folgende gilt für alle Pferde, die auf die Weide gehen, auch dann, wenn das nur wenige Stunden täglich sind.

Es ist sehr wichtig, dass die Weide nicht dauerhaft von Pferden genutzt wird. Jeder, auch der kleinste Betrieb, sollte sein Weideland wenigstens einmal unterteilen, damit ein Teil immer ruhen kann. Optimal ist es, einen Weideteil wenigstens vier Monate ruhen zu lassen. Wenn das gar nicht geht, versuchen Sie es wenigstens sechs Wochen, das kann die Parasitenbelastung schon senken.

Nur regelmäßiges Abäppeln im Abstand von höchstens drei Tagen nützt etwas. Foto: S. Stuewer

Fohlen sind sehr empfindlich gegen Parasitenbefall. Foto: R. Ettl

Ideal ist die (jährlich) abwechselnde Beweidung mit Rindern oder Schafen. Die nehmen die Pferdeparasiten nämlich auch mit dem Gras auf, ihnen schaden sie aber nicht, ebenso wie den Pferden die meisten Rinderparasiten nicht schaden. Schwierig ist hier die Einzäunung, denn sie soll Rindern standhalten und für Pferde ungefährlich sein.

Sinnvoll ist es, vor dem ersten Weidegang einen kleinen Bereich vorzumähen und abzustecken. Durch Weitersetzen des Zaunes kann man dann täglich den Bereich, von dem gefressen wird, erweitern. Das gewährleistet, dass gleichmäßig abgefressen wird, ohne dass die Pferde sich überfressen.

Eine zu hohe Besatzdichte sollte vermieden werden, ideal ist es, pro Hektar zwei Pferde unterzubringen.

Es sollte möglich sein, beispielsweise durch Anlegen von Gräben, die Weide einigermaßen trocken zu halten.

Von dem Moment, an dem Wurmeier in Pferdeäpfeln herunterfallen, bis zum Auswandern der Larven vergehen etwa drei Tage. In dieser Zeit sollte der Haufen entfernt werden. Nur regelmäßiges Abäppeln im Abstand von höchstens drei Tagen nützt etwas. Dafür kann man mit dieser Fleißarbeit den Parasitendruck erheblich reduzieren. Eine parasitenverseuchte Weide zu sanieren dauert Jahre. Um sie so dauerhaft zu verseuchen reichen wenige Wochen! Besorgen Sie sich einen Mistboy mit langem Stiel und eine gut gefederte leichte Karre. Mit schlechtem Material ist die Aufgabe sonst noch lästiger als ohnehin. Machen Sie auch in kleinen Gruppen einen verbindlichen Plan, wer wann mit dem Abäppeln dran ist. Denken Sie daran, dass andere Menschen in Golfklubs teures Geld bezahlen, um mit Handwagen und Werkzeug über die Wiese zu laufen auf der Jagd nach kleinen Bällchen ... Äpfelsammeln fördert die eigene Gesundheit (regelmäßige Bewegung an frischer Luft), lässt einem Zeit, die Gedanken schweifen zu lassen, und kommt direkt der Gesundheit unseres Pferdes zugute. So viel Arbeit macht es auch nicht, sieben Pferde hinterlassen am Tag zwei große Karren Mist, das ist in weniger als dreißig Minuten zusammengeklaubt.

Nicht annähernd so effektiv, aber leichter durchzuführen, ist das Auseinanderrechen der Haufen mit dem Ziel, die Parasiteneier in der Sonne verdorren zu lassen. So gut, dass man alle trifft, kann niemand rechen und so heiß, dass es funktioniert, sind meist auch unsere Sommer nicht. Hüten Sie sich durch Rechen, Eggen oder gar durch das Verteilen von unabgelagertem Stallmist auf der Weide noch zusätzlich Parasiten zu verteilen. Wenn überall auf der Weide Wurmeier sind, können auch die klügsten Pferde nicht mehr drumherum fressen.

Auf verseuchtem Weideland nehmen Pferde auch unmittelbar nach der Wurmkur wieder Tausende neuer Larven auf und sind so schon wenige Tage nach der Wurmkur ebenso voller Parasiten wie vorher. Es ist deshalb nicht sinnvoll, wie häufig praktiziert, die Pferde drei Tage vorm Umtreiben auf eine neue Weide zu entwurmen. Besser ist es, die Pferde zu entwurmen, direkt auf die neue Weide zu stellen und dann drei Tage lang täglich gründlich den Mist von der neuen Weide zu entfernen. Weidepferde nach der Wurmkur drei Tage einzusperren, um sich das lästige Abäppeln zu sparen, kann gefährlich sein. Das Absterben der Würmer ist ohnehin schon eine Belastung für das Pferd. Zusätzlich eine Futterumstellung (von Gras auf Heu und Stroh) und Stress (warum darf ich nicht raus) kann Koliken begünstigen.

Jungpferde und Fohlen sollen nicht in zwei aufeinander folgenden Jahren auf die gleiche Koppel gebracht werden. Fohlen sind sehr empfindlich gegen Parasitenbefall. Sie kommen idealerweise auf eine Koppel, die im vorausgegangenen Jahr von Rindern beweidet worden ist und geruht hat. Ein wichtiger Umstand muss bei früh im Jahr geborenen Pferden beachtet werden: Draußen aufwachsende Fohlen machen täglich milde Infektionen mit einigen Spulwurmeiern durch und entwickeln so ein gutes Abwehrsystem. Die früh geborenen Fohlen, die die ersten Lebensmonate in der Box verbracht haben und sich auf den Parasitenbefall nicht durch das Durchlaufen milder Infektionen vorbereiten konnten, erkranken heftig, wenn sie auch auf nur gering verseuchtes Weideland gelassen werden.

Richtige Weidewirtschaft kann und soll die Ansteckungsgefahr minimieren, Wurmkuren können darüber hinaus den Parasitendruck weiter verringern. Bei guter Weidehygiene können die Abstände zwischen den Wurmkuren optimal ausgedehnt werden.

Eine stark verseuchte Weide kann am besten durch Umbrechen und Pflügen wieder pferdegerecht werden. Sie benötigt dann allerdings Zeit für den neuen Aufwuchs. Idealerweise soll mindestens einmal gemäht werden, bevor wieder Pferde darauf laufen.

Neuzugänge sollten immer gleich entwurmt werden. Gehen Sie davon aus, dass jeder Neuzugang verwurmt ist. Entwurmen Sie, sobald er zu Ihnen kommt. Wiederholen Sie die Wurmkur im angegebenen Zeitabstand. Am besten kommt der Neuzugang erst danach mit den anderen Pferden auf die Weide. Ab diesem Zeitpunkt nimmt er am bestehenden Entwurmungsplan teil.

Prophylaktische Wurmkuren

Hier kommen sie jetzt, Informationen zum strategischen Entwurmungsplan:

Grundsätzlich sollen alle erwachsenen Pferde mindestens vier Mal im Jahr entwurmt werden. Alle, die eine gemeinsame Koppel benutzen, am besten gleichzeitig und mit demselben Präparat.

Die Präparate unterscheiden sich in den angegebenen Anwendungsintervallen. Finden Sie zum Beispiel die Empfehlung, dass die Behandlung nach zwei bis drei Monaten zu wiederholen ist, dann gilt alle zwei Monate für Pferde in wechselnden Gruppen oder auf ungepflegten Weiden, alle drei Monate für reine Boxenpferde und Pferde, die in einer festen Gruppe auf gepflegten Weiden stehen und regelmäßig nach Plan entwurmt werden.

In Einzelfällen kann auf fest besetzten Standweiden auch selektiv entwurmt werden. Damit diese Methode nicht zu riskant ist, müssen von allen Pferden mindestens einmal im Monat Kotproben untersucht werden. Spätestens, wenn mehr als 200 Palisadenwurmeier pro Gramm Kot gefunden werden, muss dieses Pferd entwurmt werden.

Auch im Blutbild kann man einen Hinweis auf einen Parasitenbefall erhalten. Eine Fraktion der weißen Blutkörperchen, die eosinophilen Granulozyten, sind vermehrt im Differenzialblutbild zu finden, wenn die Pferde verwurmt sind. Fohlen und Jungpferde müssen häufiger entwurmt werden.

Hinweis

Bitte entwurmen Sie immer alle Pferde eines Bestandes zeitgleich und mit demselben Wirkstoff.

Strategischer Entwurmungsplan

(Der Plan ist nur ein Beispiel, er muss individuell angepasst werden. Die viermalige Entwurmung ist ein Minimum.)

	erstes Jahr	zweites Jahr	drittes Jahr
März:	Benzimidazole	Pyrantel	Avermectine
Juni:	Benzimidazole	Pyrantel	Avermectine
September:	Benzimidazole	Pyrantel	Avermectine
Dezember:	Avermectine	Avermectine	Avermectine

Neuzugänge sollen immer isoliert und zunächst entwurmt werden, bevor sie zwischen den anderen Pferden mitlaufen dürfen.

Tragende Stuten sollen in den ersten drei Trächtigkeitsmonaten nach Möglichkeit keine Medikamente erhalten, auch keine Wurmkuren. Für die gesamte Tragzeit besprechen Sie das Vorgehen im Einzelfall mit Ihrem Tierarzt. Es bietet sich an, die Stute am Abfohltag mit Ivermectin zu entwurmen, um der massiven Ausscheidung von Zwergfadenwürmern mit der Milch entgegen zu wirken.

Um Resistenzen zu vermeiden, nutzt man die Methode des jährlichen Wirkstoffwechsels, die so genannte slow rotation. Wirkstoffwechsel, nicht Präparatewechsel – jährlich und nicht jedes Mal! Eingebürgert hat sich leider etwas anderes. Heute achten die meisten Pferdehalter darauf, jedes Mal eine andere Packung zu bekommen. Das ist gut gedacht, aber nicht ausreichend. Es gibt drei Wirkstoffgruppen (siehe unten), zwischen denen jährlich gewechselt werden sollte. Der Wechsel innerhalb einer Wirkstoffgruppe nützt nichts. Durch Kotproben kann der Verwurmungsgrad festgestellt werden. Ebenso kann durch Kotproben die Wirksamkeit des Entwurmungsplans überprüft werden.

Hinweis

Avermectine sind die einzigen Wirkstoffe, die gegen Magendasseln helfen.

Avermectingruppe

Dazu gehört Ivermectin, das als Ivomec und als Furexel auf dem Markt ist. Es ist dieselbe Paste von zwei verschiedenen Herstellern, unterschiedlich sind nur Packung und Preis. Zweiter Wirkstoff dieser Gruppe ist Moxidectin, das als Equest auf dem Markt ist.

Diese Stoffe wirken im Wurm durch Unterbrechen der Übertragung von Nervenimpulsen. Damit führen sie zu nichtspastischer Lähmung und zur Abtötung des Wurmes.

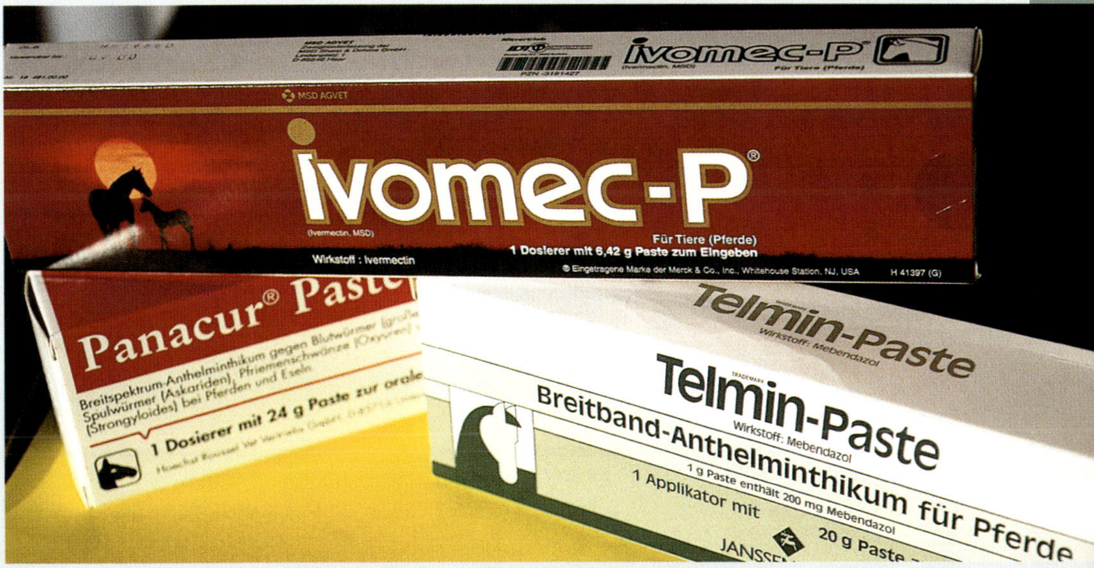

Achtung, hier gibt es drei verschiedene Verpackungen, aber nur zwei unterschiedliche Wirkstoffe. Ivomec ist ein Avermectin, Telmin und Panacur sind Benzimidazole. Foto: H. Ende

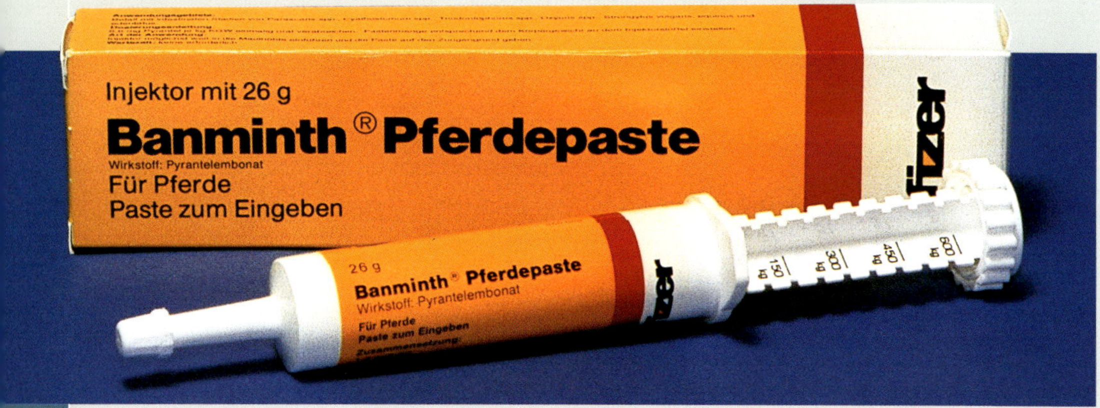

Und dies ist eine Wurmkur mit dem Wirkstoff Pyrantel. In der dreifachen Dosierung kann sie auch gegen Bandwürmer helfen. Foto: Pfitzer GmbH

In der Standarddosis helfen diese Wirkstoffe gegen kleine Palisadenwürmer, reife und unreife große Palisadenwürmer, Pfriemenschwänze, Spulwürmer, Lungenwürmer, erwachsene Zwergfadenwürmer, Rollschwänze, Mikrofilarien und Magendasseln. Moxidectin ist als einziger Wirkstoff in der Lage, enzystierte, das heißt in der Darmwand schlafende, Larven der kleinen Palisadenwürmer zu töten.

Leidet das Pferd stark unter Mikrofilarien, kann es zu Schwellungen und Juckreiz kommen. Wenn dieser nicht innerhalb eines Tages abklingt, rufen Sie ihren Tierarzt.

Pyrimidingruppe

In diese Gruppe gehören Pyrantelemboat, welches als Banminth auf dem Markt ist, und Pyrantelpamoat, welches als Jernadex und als Equivermon bei uns auf dem Markt ist. Pyrantel wirkt nur im Darm und über eine Lähmung der Parasiten. Es tötet so nur erwachsene Würmer und zum Teil Eier.

Pyrantel wirkt gegen große und kleine Palisadenwürmer, Pfriemenschwänze und Spulwürmer. In höherer Dosierung soll Pyrantel gegen Bandwürmer wirken.

Vorsicht:

Sind sehr viele dieser enzystierten Larven vorhanden, kann es zu Nebenwirkungen durch das plötzliche Massen-Absterben kommen.

Vorsicht:

Stark geschwächte Fohlen können, wenn sie einen erheblichen Spulwurmbefall haben, mit einem Darmverschluss reagieren.

Benzimidazolgruppe

In diese Gruppe gehören all die anderen Wurmkuren, deren Namen geläufig sind. Die verschiedenen Wirkstoffe unterscheiden sich teilweise in ihrem Wirkspektrum, was bei der therapeutischen Anwendung (siehe unten) wichtig ist. Im prophylaktischen

Einsatz ist ein Wechsel innerhalb dieser Präparate nicht unbedingt sinnvoll. Diejenigen Würmer, die eine Resistenz gegen Benzimidazole entwickeln konnten, lassen sich davon nicht beeindrucken.

Der Wirkstoff Fenbendazol ist in Pastenform, flüssig und in Pellets als Panacur, in Pelletform auch als Retentex im Handel. Er wirkt ähnlich wie Febantel, welches als Rintal in Pasten und Pelletform im Handel ist. Beide Wirkstoffe hindern die Parasiten an der Nahrungsaufnahme und lassen die Würmer so praktisch verhungern.

In der Standarddosis helfen diese Wirkstoffe gegen erwachsene große Palisadenwürmer, erwachsene und nicht benzimidazol-resistente kleine Palisadenwürmer, unreife und ausgewachsene Pfriemenschwänze und Spulwürmer.

An mehreren aufeinander folgenden Tagen (der Standard sind dann fünf Tage) hilft Fenbendazol auch gegen Zwergfadenwürmer, unausgereifte große Palisadenwürmer, unausgereifte und nicht resistente kleine Palisadenwürmer, zum Teil auch gegen eingekapselte Larven der kleinen Palisadenwürmer.

Achtung: Panacur-Paste gibt es seit dem letzen Jahr geschmacksverbessert. Sie schmeckt jetzt nach Apfel und Zimt!

Ähnlich wirkt auch der Wirkstoff Mebendazol, der in Pastenform als Telmin erhältlich ist. Das Wirkspektrum bei der Standarddosierung ist identisch, und Mebendazol wirkt darüber hinaus auch gegen Lungenwürmer.

Prophylaktische Wurmkuren:

- mindestens viermal im Jahr
- alle Pferde, die zusammen laufen, gleichzeitig
- immer unmittelbar mit dem Standortwechsel und mit täglichem Absammeln des Mistes an den ersten drei Tagen nach der Wurmkur
- im jährlichen Wechsel der Wirkstoffgruppe
- bei Weidepferden immer eine Behandlung gegen Magendasseln im Dezember
- Wirksamkeit regelmäßig durch Kotproben überprüfen

Bei sehr alten Pferden oder solchen, die Krankheitssymptome aufgrund von Wurmschäden hatten, bietet es sich an, eine Fünftagekur mit Fenbendazol jeweils im Februar einzuschieben.

Fohlen sollen ab der dritten bis sechsten Lebenswoche entwurmt werden. Man entwurmt sie gemeinsam mit der Mutterstute und wiederholt das alle acht Wochen. Mit sechs Monaten können die Fohlen (und ihre Mütter) am normalen Entwurmungsplan teilnehmen. Am Abfohltag kann der Stute Ivermectin verabreicht werden, das vermindert die Ausscheidung von Zwergfadenwürmern mit der Milch und schützt so auch das Fohlen. Wichtig ist dies auch bei Stuten, die in der Fohlenrosse erneut gedeckt werden sollen, da in den ersten drei Trächtigkeitsmonaten nach Möglichkeit auf Medikamente verzichtet werden soll.

Therapeutische Wurmkuren

Wird bei einem Pferd durch eine Kotuntersuchung ein spezifischer Wurmbefall festgestellt, so kann und muss man diesen auch außerhalb des Entwurmungsplans behandeln. Ihr Tierarzt wird das zu dem gefundenen Wurmbefall passende Präparat auswählen. Die Wirksamkeit der Wurmkur sollte unbedingt einige Zeit später durch eine erneute Kotprobe nachgewiesen werden. Einige Tage nach der Wurmkur soll die Anzahl Eier, die in der Kotprobe gefunden wird, sich um mindestens 70 Prozent reduziert haben. Die Gesundheit der anderen Herdenmitglieder ist zu beobachten.

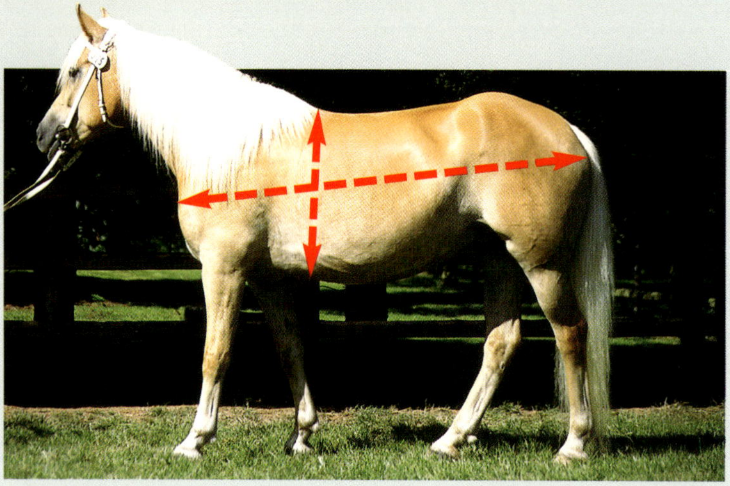

Sie können das Gewicht Ihres Pferdes durch die Messung von Brustumfang und Körperlänge bestimmen. Foto: A. Schmelzer

$$\text{GEWICHT (kg)} = \frac{\text{Brustumfang (cm)} \times \text{Brustumfang (cm)} \times \text{Körperlänge (cm)}}{11900}$$

Wie kommt die Wurmkur ins Pferd?

Die Menge der verabreichten Wurmkur richtet sich nach dem Gewicht Ihres Pferdes. Wenn Sie das nicht kennen, können Sie zur nächsten Viehwaage oder einer LKW-Waage (gibt's oft an Futtermühlen) reiten und es wiegen (vorher absitzen) oder es mit der oben gezeigten Formel annähernd berechnen.

Die Pasten kommen in Dosierspritzen in den Handel, in denen Medikament für 600 Kilo Pferd enthalten ist. Bei den meisten dieser Pasten kann man mit einem Rädchen weniger einstellen, wenn man ein kleines Pferd hat. Keine Angst, wenn dann leider doch alles im Pferd verschwindet, die doppelte Dosierung ist bei allen auf dem Markt befindlichen Produkten völlig unschädlich.

Nur zu wenig geben dürfen Sie nicht. Zum einen wirkt es nicht und zum anderen helfen Sie so den Würmern Resistenzen zu entwickeln. Um auch bei eigener Ungeschicklichkeit oder Widersetzlichkeit des Pferdes noch ausreichend Wurmkur zur Verfügung zu haben, nehmen Sie immer einen Dosierer in Reserve. Andernfalls müssen Sie nach dem Ärger über die versaute Jacke und die Wurmkurflecken an der Stallwand auch noch den Aufwand auf sich nehmen und zum Tierarzt fahren, um eine neue Wurmkur zu holen. So wütend, wie Sie dann möglicherweise sind, geht es vermutlich gleich wieder daneben.

Die sicherste Methode eine Wurmkur zu verabreichen ist Paste einzugeben. Natürlich kann man sie auch unter das Futter mischen oder ein Pelletpräparat ins Futter geben. Dabei muss man darauf achten, dass auf jeden Fall alles auf einmal aufgefressen wird.

Sie kaufen die Wurmkur am besten und sichersten bei Ihrem Tierarzt, der Sie auch fachkundig berät. Sie können auch auf tierärztliches Rezept in der Apotheke kaufen.

Sie sollten zum Wohl Ihres Pferdes nicht aus dem Ausland angebotene Billigprodukte kaufen. Zum einen ist das verboten, zum anderen sind die möglicherweise entstehenden Leiden Ihres Pfer-

Das Eingeben mit der Dosierspritze:

- Atmen Sie tief ein und aus. Wenn Sie ungeübt sind, oder Ihr Pferd im Wurmkurvermeiden geübt ist, besorgen Sie sich einen Helfer.
- Wo die Situation es erfordert, tragen Sie einen Helm und Sicherheitsschuhe. Aus falschem Ehrgeiz Monate im Krankenhaus zuzubringen ist viel alberner.
- Stecken Sie die Wurmkur griffbereit, am besten geöffnet und für das Pferd unsichtbar in die Tasche.
- Halftern Sie das Pferd auf und befestigen Sie einen Strick.
- Seien Sie sicher, dass das Maul leer ist, lassen Sie das Pferd Futterreste erst abschlucken, sonst spuckt es möglicherweise die Wurmkur mit dem, was es noch im Maul hatte, wieder aus.
- Bewegen Sie sich ruhig und entschlossen.
- Treten Sie von links dicht an Ihr Pferd und legen leicht die linke Hand auf den Nasenrücken. Nehmen Sie unbeobachtet mit der rechten die Dosierspritze abdruckbereit in die Hand.
- Führen Sie den Dosierer am Maulwinkel schräg nach hinten ein.
- Spritzen Sie die Paste zügig auf die Zunge.
- Beim Herausziehen drehen Sie die Dosierspritze, sodass etwaige Reste auf der Zunge abgestrichen werden.
- Belohnen Sie Ihr Pferd erst, wenn es abgeschluckt hat.

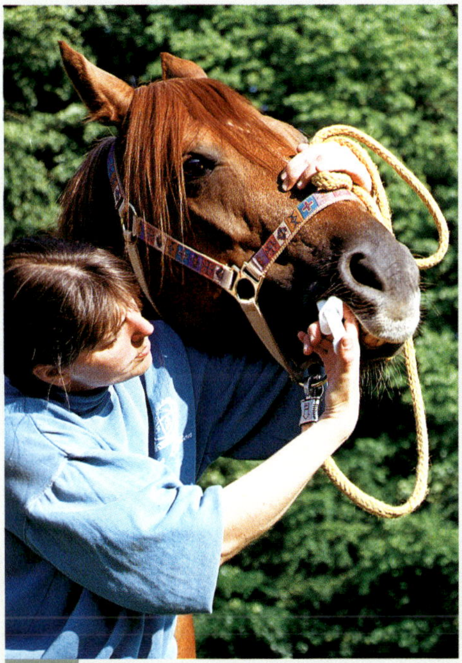

So macht man es richtig!

des und die Ihnen entstehenden Behandlungskosten, wenn Sie sich auf unzureichend getestete oder unwirksame Medikamente verlassen, unangenehm, vermeidbar und teuer.

Sie nehmen ja auch keine Smarties gegen Kopfweh, bloß weil die bunt und preiswert sind und Ihnen überall angeboten werden.

Grundsätzlich gilt: Vorbeugen ist besser als heilen.

Impressum

Gestaltung: Ravenstein Brain Pool
Titelfotos: A. Schmelzer, S. Stuewer
Druck: Rasch, Bramsche

Printed in Germany.
ISBN 3-86127-249-0

CADMOS

Pferdewissen

GUTER RAT FÜR WENIG GE

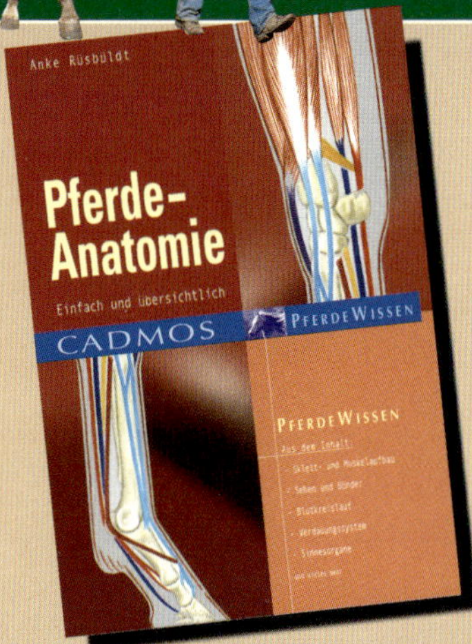

Anke Rüsbüldt
PFERDE-ANATOMIE

Einfach und übersichtlich

32 Seiten, broschiert, farbig
ISBN 3-86127-284-9
€ 5,95 · € (A) 6,20 · SFR 11,10

Angelika Schmelzer
BASISPASS PFERDEKUNDE

Das Grundwissen für Pferdefreunde

32 Seiten, broschiert, farbig
ISBN 3-86127-250-4
€ 5,95 · € (A) 6,20 · SFR 11,10

Angelika Schmelzer
PFERDESPRACHE

So sagt mein Pferd mir, dass es ...

32 Seiten, broschiert, farbig
ISBN 3-86127-275-x
€ 5,95 · € (A) 6,20 · SFR 11,10

Anne-Katrin Hagen
PFERDE RICHTIG AUSBILDEN

Die Ausbildungsskala

32 Seiten, broschiert, farbig
ISBN 3-86127-265-2
€ 5,95 · € (A) 6,20 · SFR 11,10

Andrea Holst/Daniela Bolze
ERSTE HILFE

So helfe ich meinem Pferd im Notfall

32 Seiten, broschiert, farbig
ISBN 3-86127-271-7
€ 5,95 · € (A) 6,20 · SFR 11,10

Angelika Schmelzer
PFERDE GYMNASTIZIE

So macht man es richtig

32 Seiten, broschiert, farbig
ISBN 3-86127-256-3
€ 5,95 · € (A) 6,20 · SFR 11,10

CADMOS PFERDEBÜCHER

Cadmos Verlag GmbH · Im Dorfe 11 · 22946 Brunsbek
Tel. 0 41 07/85170 · Fax 0 41 07/851712
Besuchen Sie uns im Internet: **www.cadmos.de**